楽しいハロウィン工作

❸ ハロウィン折り紙・切り紙・こもの

いしかわ☆まりこ

汐文社
ちょうぶんしゃ

はじめに

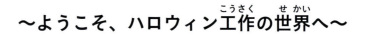

〜ようこそ、ハロウィン工作(こうさく)の世界(せかい)へ〜

ハロウィンといえばもりあげる装飾(そうしょく)も大切(たいせつ)！！

おへやや教室(きょうしつ)をどうやってかざろう！？

そうそう、パーティの招待状(しょうたいじょう)やお手紙(てがみ)もつくらなくちゃ！

この本(ほん)でつくりたいアイテムをさがしてみよう。

折(お)り紙(がみ)や画用紙(がようし)を中心に、身近(みぢか)に手(て)に入(はい)る材料(ざいりょう)でかんたんにできるよ。

ハロウィンを楽(たの)しむためのアイデアやヒントもいっぱい。

本(ほん)の中(なか)のほとんどの作品(さくひん)が、折(お)るだけ、切(き)るだけでできるよ。

フォトプロップスやおめんだけでもハロウィン気分(きぶん)になれるから

ぜひ、どんどんチャレンジしてね！

さあ、折(お)り紙(がみ)、切(き)り紙(がみ)やこもので楽(たの)しくイベントをもりあげよう！

Happy Halloween！！

ステキな思(おも)い出(で)をつくってね。

⭐ いしかわ☆まりこ ⭐

もくじ

この本でつかうおもな材料／
この本でのおやくそく …4
この本でよくつかう道具やべんりアイテム／
この本によく出てくるマーク／
切り紙の型紙のうつしかた …5
この本に出てくる折り紙の折りかたや記号
　…6
この本に出てくる切り紙の折りかたいろいろ
　…7

Let's Party! …8

写真もばっちり！
かんたん！
パーティアイテム …10

パーティのかざり
　…12

ハロウィンで大かつやく！
人気モチーフ …14

かんたんにおへやがへんしん！
かべかざり …18

かんたん　へんしん
かんむり＆おめん
　…20

広げて楽しい
ハロウィンモチーフ
　…24

おへやにぶらさげよう
こうもりオーナメント
　…26

あげて・もらってうれしい
お手紙＆カード …28

Trick or Treat?
ハロウィンバッグ
　…32

メッセージをはろう！
にぎやかメモボード
　…34

すぐにできちゃう♪
かんたんアイデア
　…36

かんたん！パーティアイテムの型紙 …38
かんたん！ハロウィンにぴったりな
PARTY★MENU …39

この本でつかうおもな材料

この本の主役！

15×15センチをよくつかうよ。4等分すると7.5×7.5センチになるよ！

折り紙

色画用紙

新聞紙

100円ショップや手芸材料コーナーにあるよ！

動く目玉（シールタイプ）

カチューシャ

ストロー

モール

トイレットペーパーのしん

毛糸

リボン

輪ゴム

キラキラモール

紙皿

☆ほかにもつかっている材料があります。

この本でのおやくそく

●はさみをつかうときは、机にむかってすわり、まわりに人がいないことをたしかめてつかうよ。
●紙は折ると厚くなって切りづらくなるよ。じぶんの手を切らないように気をつけてね。

●カッターをつかうときは、かならずおとなの人といっしょにね。カッターマットなどをしいてつかおう。つかいおわったらかならず刃をしまってね。
●材料では八つ切りサイズの色画用紙を紹介しているけれど、少し小さめのB4サイズでもできるよ。

この本でよくつかう道具やべんりアイテム

この本によく出てくるマーク

- はさみ
- セロハンテープ
- 両面テープ
- のり
- テープ類（ガムテープ／キラキラテープ／マスキングテープ）

切り紙の型紙のうつしかた

☆型紙を見ながら折った紙にじぶんでまねして書いてみよう！かんたんな作品からチャレンジ！

☆型紙をコピーして折った紙に重ねてホチキスやセロハンテープでとめる。型紙どおりに切れるやりかただよ！

☆うすい色の折り紙なら一度折ってから広げて、型紙の上に置いて線をなぞることができるよ。うつしたらまた折ってから切ってね！

折り紙にべんりなめもり

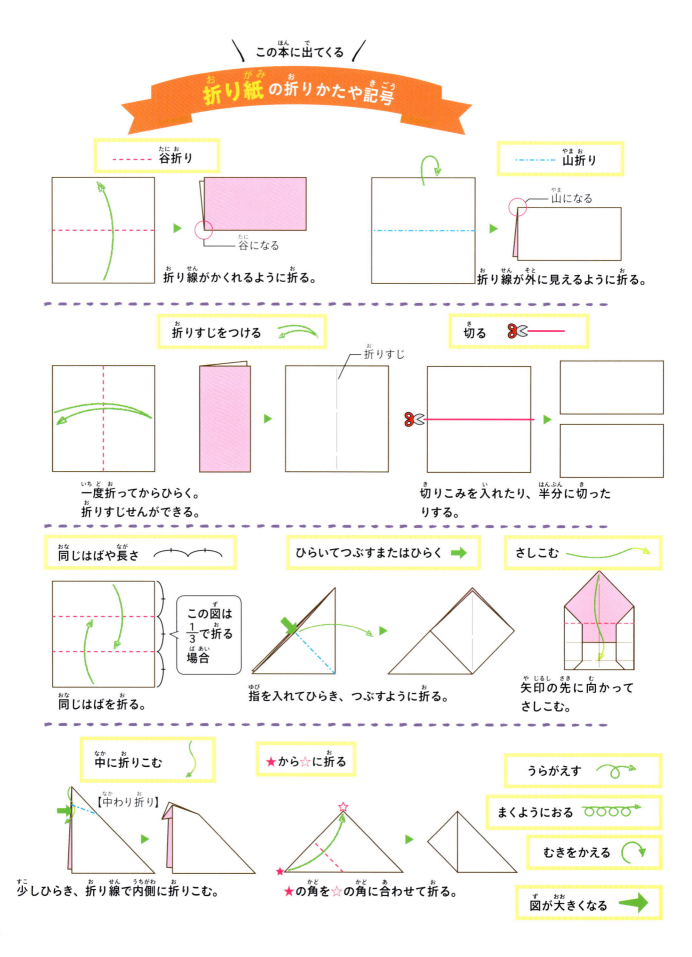

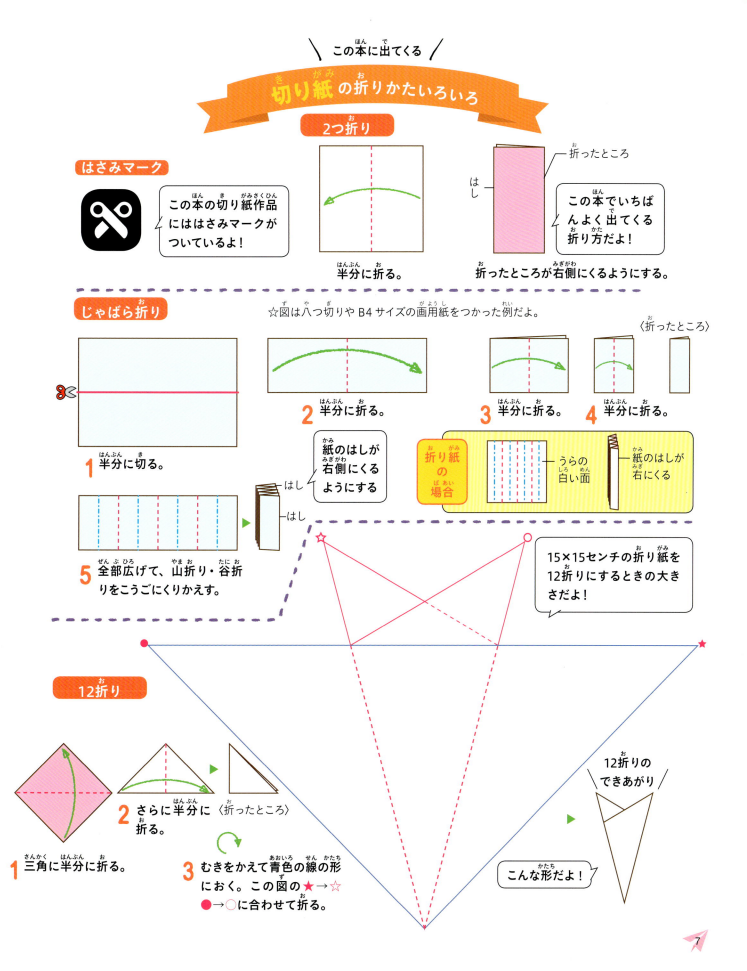

Let's Party!

Happy Halloween!!

ねこぼうしはP17！

王冠（おうかん）はP11だよ！

Party Game time

もりあがる！
「スパイダージャンプゲーム」
つくりかたはP13をみてね

トイレットペーパーのしんでできているくもだよ。よくとぶ！！

いっしょに
せーの！

フォトプロップス

材料 ストロー各1本、【ハートめがね】色画用紙（ピンク）7×14センチ 2枚、【ひげ】色画用紙（黒）10×14センチ 1枚、【ぼうし】色画用紙（黒）8×9センチ 2枚、（青）1.5×9センチ 1枚、【くちびる】色画用紙（赤）6×8センチ

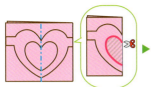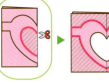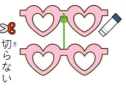

ひげ・ぼうし・くちびるも同じつくりかただよ！
型紙はP38
ぼうしはかざりをつけてね！

1 2つ折りして型紙をうつし、それにそって切りとる。ハートめがねのみ、さらに半分に折ってまん中のハートを切りぬいておく。

2 同じものを2枚つくって重ね、ストローをうらにしっかりとはる。

型紙はP38

王冠

材料 色画用紙（黄）八つ切り 1枚、シール（好きな色・形）10〜14枚

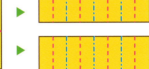

1 半分に切る。それぞれをP7をみてじゃばらに折ってから、P38の型紙をみて先を切る。

2 2枚つくって広げたら、つなげる。シールをかざる。

ちょうネクタイ

材料 色画用紙（赤）16×20センチ、3×10センチ、リボン（水色）80センチ

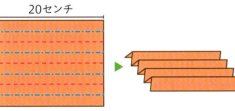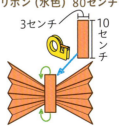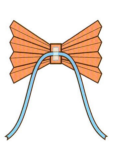

1 P7をみてじゃばら折りをする。

2 たばねてとめて、うしろがわにリボンをつける。

魔女カチューシャ

材料 折り紙（黒）25×25センチ 1枚、（黄）7.5×7.5センチ（黄）1枚、カチューシャ1つ

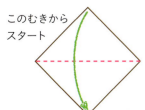

このむきからスタート

むきをかえる

〈折ったところ〉 〈折ったところ〉

星を切ってはったらできあがり！

1 下に半分に折る。

2 左右の幅が同じになるように、まん中に重ねて折る。

3 2で折ってはみ出たところを折る。

4 むきをかえてカチューシャにはる。

星の型紙はP38だよ

三角ガーランド

材料 折り紙（好きな色・柄）15×15センチ 好きな数だけ、毛糸（黒）適量

1. うらを上において、半分に折る。
2. 角をつないで、ななめに切る。
3. ひらくと、3つの三角に分かれる。あといをつなげてはる。
4. 毛糸をうらにはり、つなげる。

いろんな柄や色の折り紙をまず切ろう！ あといの組み合わせでいろんなパターンができるよ！ 左右の柄をかえるとオシャレ♡

星ガーランド

材料 折り紙（好きな色・柄）15×15センチ 好きな数だけ、毛糸（黒）適量

星の型紙はP38だよ

1. 十字の形に折って、切り分ける。
2. 1枚は白い裏面を表に（あ）、もう1枚は色の面を表（い）にして半分に折って星を切る。
3. 黒い毛糸をはさんで、2でつくったあといをはりあわせる。

できあがり！

たてにつるしてもかわいいよ！

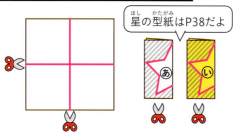
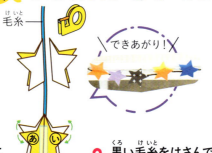

スパイダージャンプゲーム

材料 （スパイダー 4 ひき分）トイレットペーパーのしん $\frac{1}{3}$ × 4、モール 10 センチ 3 本 × 4（好きな色）、折り紙 15 × 15 センチ（ピンク）$\frac{1}{3}$、（水色）$\frac{1}{3}$、（黄緑）$\frac{1}{3}$、（むらさき）$\frac{1}{3}$、（目玉の分）折り紙（好きな色）少し
（くもの巣）折り紙 15 × 15 センチ（黒）1 枚、紙皿（直径 18 センチ）1 枚

スパイダーをつくる

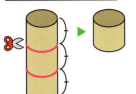 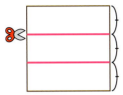    

切ってもいいよ　先をまるめ、まん中でねじる　目玉をつける　マスキングテープでかざる

1 トイレットペーパーのしんを $\frac{1}{3}$ に切る。

2 折り紙を $\frac{1}{3}$ に切ったものを用意する。

3 1 に 2 をまいてはる。はみ出たところを切るか、中に折りこむ。

4 モール 3 本をたばねて 3 につける。目玉をつけてできあがり。

紙皿にはってできあがり！

くもの巣をつくる

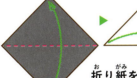  

折り紙を図のように 4 回半分に折って、型紙の形を見て切る。ひろげて紙皿にのりではる。

遊びかた

指ではじっこをおしてはじくようにはなすとぴょ～～んととぶよ！！

ねらって…　ねらうのはココ　とんだ！　入った！！

くもの巣に入ったら勝ち！いちばん遠くに飛ばしたら勝ち！など、ルールはいろいろ。みんなで決めてね！

型紙

くもの巣　原寸

2 つずつつくってね！

スパイダーの目玉

原寸

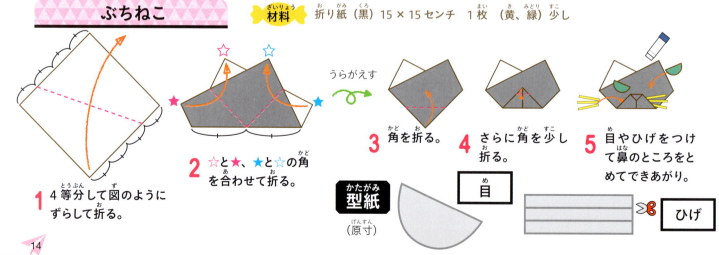

こうもり

材料 折り紙（むらさき）15×15センチ 1枚、（黄、黒）少し

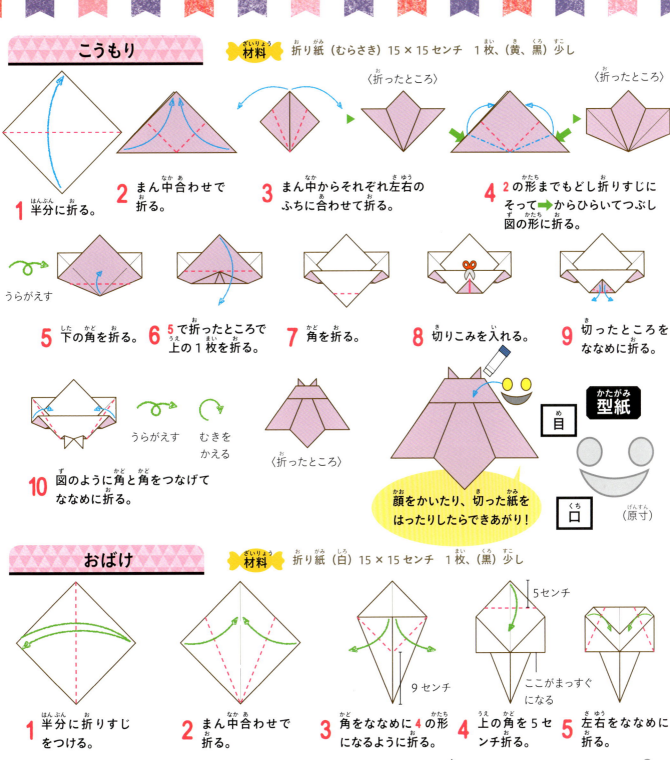

おばけ

材料 折り紙（白）15×15センチ 1枚、（黒）少し

かぼちゃ

材料 折り紙（オレンジ）15×15センチ 1枚

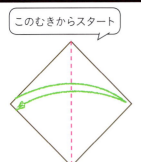

このむきからスタート

1 半分で折りすじをつける。

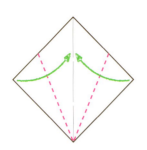

2 まん中に合わせて折る。

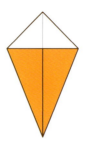

〈折ったところ〉

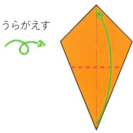

3 うらがえして半分に折る。

〈折ったところ〉

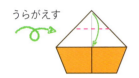

4 3で折ったところも合わせてふちまで折る。

5 手前の紙だけ少し残して上に折る。左右の角を少し折る。

〈折ったところ〉

顔をつけてできあがり！

顔の型紙は右ページをみてね！

ぼうし

材料 折り紙（むらさき）7.5×7.5センチ 1枚
（15×15センチだと大きめのぼうしができるよ）

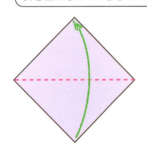

表を上にしてこのむきでスタート

1 半分に折る。

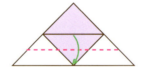

2 前の1枚だけ、下に半分に折る。

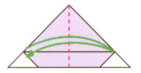

3 さらに半分に折る。

4 半分に折りすじをつける。

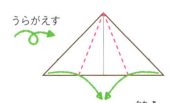

5 うらがえしてまん中合わせで折る。

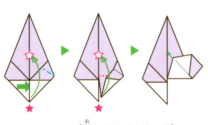

6 ➡から指を入れてひらいて、★と☆が合うようにつぶすように折る。

〈折っているとちゅう〉

7 反対側も同じように折る。

〈折ったところ〉

うらがえす

かぼちゃにかぶせてできあがり！

P14のねこやこうもり、おばけにかぶせてもいいよ！

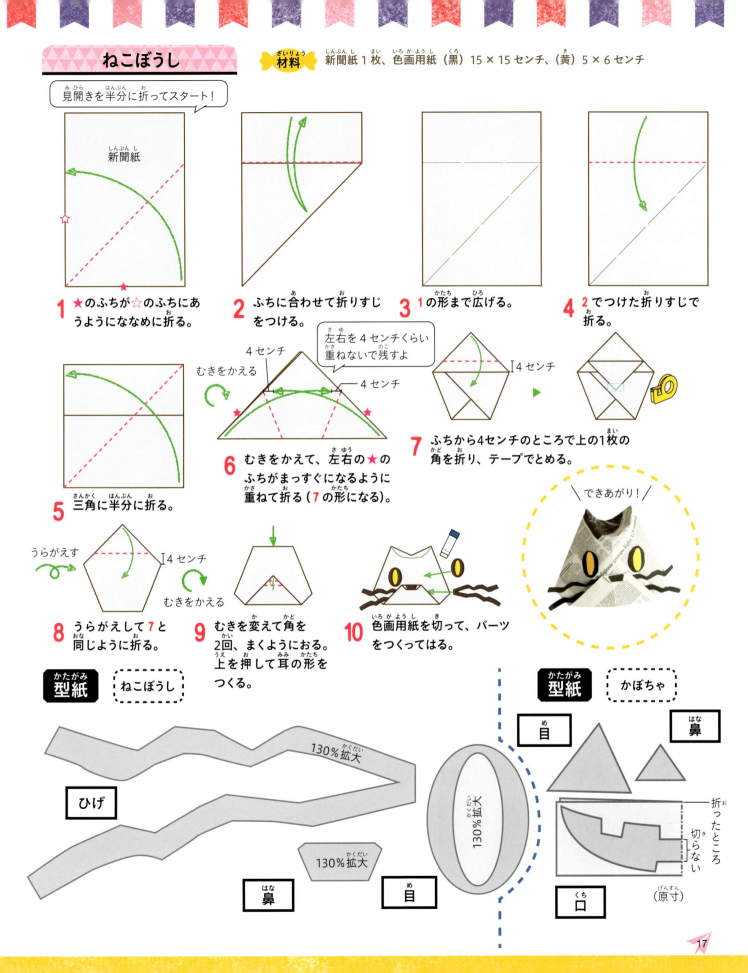

かんたんにおへやがへんしん！ かべかざり

> この写真が型紙にもなるよ！八つ切りサイズにするには200％、B4サイズにするには190％拡大してね！

✂ 窓とかぼちゃ

- 星のこちらから切りこみを入れてね！
- 目や口も少し折って切りこみを入れて切り広げる。
- かるく折って切りこみを入れて切るよ！

☆カッターをつかってもいいよ！

ぶらさがりこうもり

材料　色画用紙（黒）20×20センチ　各1枚

250％拡大

型紙をみながらうつす

切りとっていいところを少し折って切りこみを入れてから、切り広げていくよ！

☆黒い紙はすけないのでそのままうつせないよ。型紙を見ながら下がきしてね！

くろねこ

250％拡大

空とぶ魔女

250％拡大

こうもり

材料　色画用紙（黒）15×20センチ　1枚

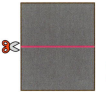

1　色画用紙を半分に切る。
2　半分に折る。
3　型紙のとおりに切りぬく。

型紙を見ながら好きな大きさでつくってみてね！！

P37の型紙の青い線をみてね！

かんたん へんしん
かんむり&おめん

はなかんむり

くろねこおめん ✂
型紙は
P23をみてね！

かぼちゃおめん ✂
型紙は
P23をみてね！

はっぱのかんむり ✂
つくりかたは
P22をみてね！

目玉つきゆびわ
つくりかたは
P22をみてね！

はなかんむりの花

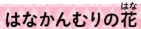
材料 折り紙（好きな色・柄）15×15センチ 1枚

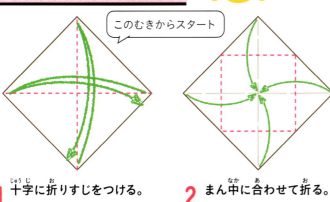

1 十字に折りすじをつける。

2 まん中に合わせて折る。

3 まん中に合わせて折る。

4 さらにまん中に合わせて折る。

図が大きくなる →

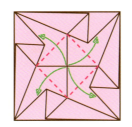
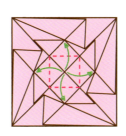
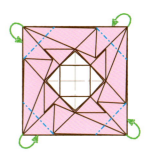

5 まん中からそれぞれふちに合わせて折る。

6 まん中からそれぞれ5で折ったところにさしこむように折る。

7 まん中から4か所折る。

8 角をうしろに折る。

まん中に小さく切った折り紙をさしこんだよ

\ できあがり！/

はなかんむり

材料 色画用紙（黄）八つ切り、折り紙（好きな色・柄）15×15センチ 好きな枚数だけ

1 色画用紙を半分に切る。

2 3つ折りしてから手でもんでしわをつける。

3 細長くつなげる。

わっかにしたテープではる。

お花のうら

4 頭の形に合わせて、好きな数だけお花をつける。

\ できあがり！/

お花スティック

材料 折り紙（好きな色・柄）15×15センチ 1枚、ストロー（好きな色）1本

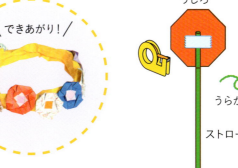
うしろ
ストロー

うらがえす

ストローにお花をはりつける。

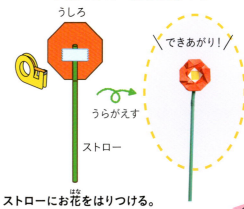
\ できあがり！/

21

目玉つきゆびわ

材料 折り紙（好きな色・柄）7.5×7.5センチ 1枚、動く目玉（直径8ミリ）2つ

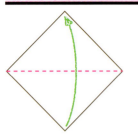
1 十字に折りすじをつける。

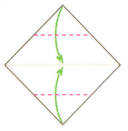
2 中心に合わせて上下を折る。

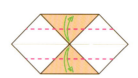
3 まん中に合わせて折って、折りすじをつける。

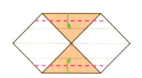
4 3でつけた折りすじに合わせて折る。

図が大きくなる

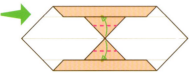
5 中心の2つの角を4で折ったところに少しさしこむように折る。

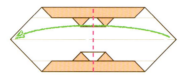
6 半分に折る。

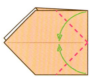
7 まん中に合わせて折る。

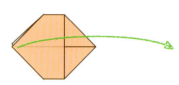
8 5の形まで広げる。

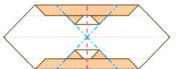
9 折りすじにそって、★がとんがるように折りたたむ。

10 手前の1枚を上から1/3折る。

11 下からも同じように1/3折る。

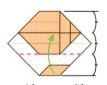

うらがえす

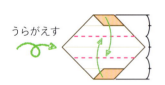
12 うらがえして、10、11と同じように折る。

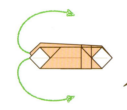
13 ひらく方を持って広げる。上部は四角くなるようにする。わにしてさしこむ。動く目玉をはってできあがり。

むきをかえる

できあがり！

動く目玉は「動眼」ともいうよ！

はっぱのかんむり

材料 折り紙（緑、黄緑）15×15センチ 各2枚

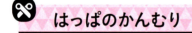

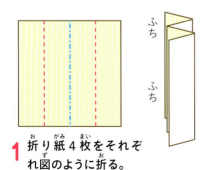
1 折り紙4枚をそれぞれ図のように折る。

切りこみを広げる

2 P23の型紙のとおり切りこみを入れる。4枚とも同じようにして、つなげる。

できあがり！

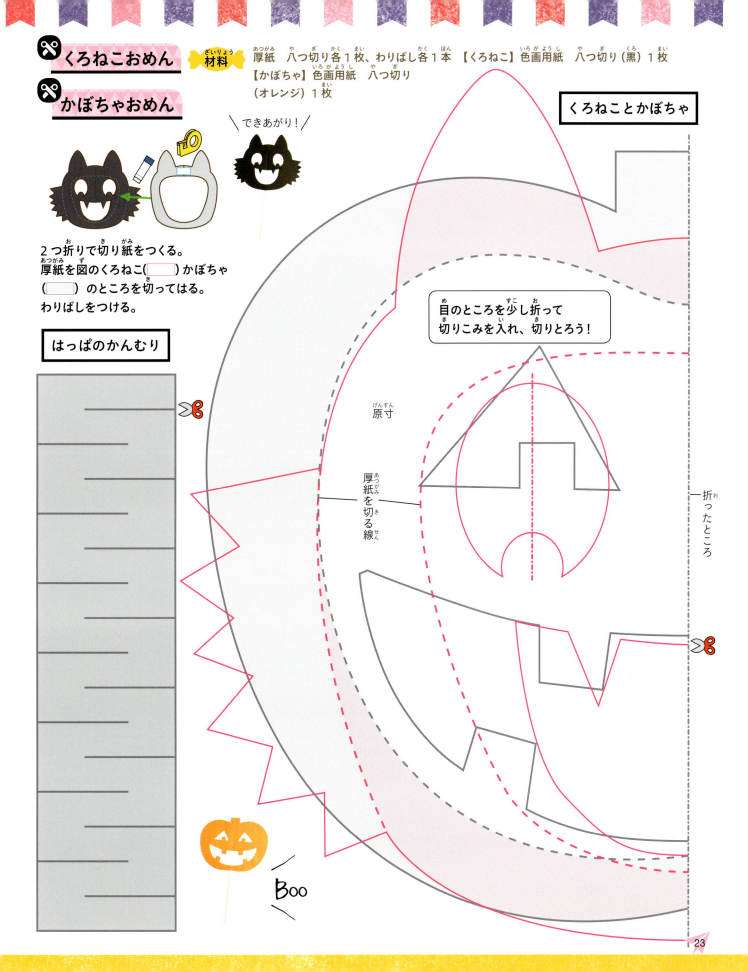

切り紙 広げて楽しい ハロウィンモチーフ

くろねこ

材料 【くろねこ】【魔女】色画用紙（黒）八つ切り 半分
【夜景】色画用紙（黒）八つ切り 1/4

魔女

夜景

がいこつ
材料 折り紙（柄入り・クラフト色）
15 × 15 センチ

おばけ
材料 折り紙（白）
15 × 15 センチ

かぼちゃ
材料 折り紙（オレンジ）
15 × 15 センチ

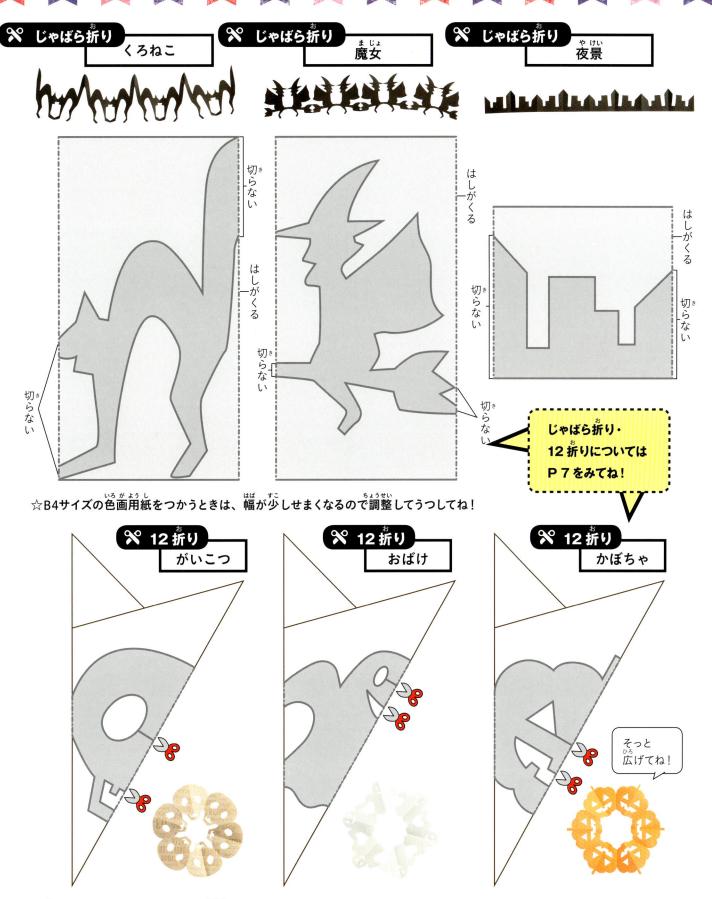

おへやにぶらさげよう こうもりオーナメント

まんまるこうもり

材料 【大】色画用紙（黒）八つ切り1枚、3×5センチ、（むらさき）10×20センチ、（黄）5×7センチ 【小】色画用紙（むらさき）八つ切り1枚、（黒）3×6センチ、3×4センチ

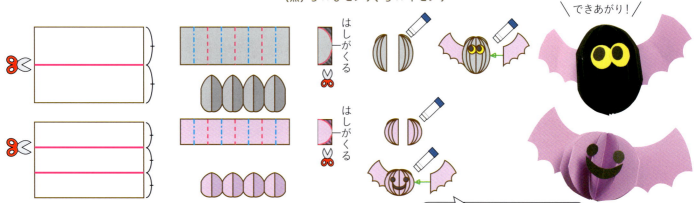

黒の色画用紙は$\frac{1}{2}$に、むらさきの色画用紙は$\frac{1}{3}$にそれぞれ切り、切ったものをP7をみてじゃばらに折って角をまるく切りとる。同じものをもうひとつくってはりあわせる。はねをじゃばら折りの間にはさんでつける。目や口をつける。

はねはP37の型紙を赤い線で切りとって半分に切ってつかってね！

ふうせんこうもり

材料 星のシール各1個、動く目玉（直径15ミリ）各2個、
【青こうもり】折り紙15×15センチ（青）1枚（黒）半分
【むらさきこうもり】折り紙15×15センチ（むらさき）1枚（黒）半分

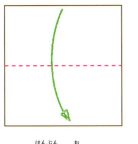
1 半分に折る。

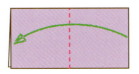
2 半分に折る。

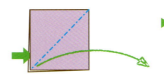
3 前の1枚を（矢印）からひらいてつぶすように折る。

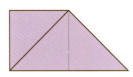
〈折ったところ〉

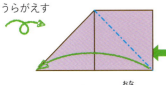
4 うらがえして同じように折る。

5 前の1枚だけまん中に合わせて折る。

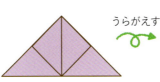
〈折ったところ〉

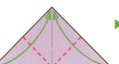
6 うらがえして同じように折る。

〈折ったところ〉

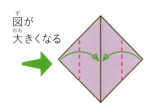
図が大きくなる
7 前の1枚の左右の角をまん中に合わせて折る。

8 前の1枚の上の角を7で折ったふちまで折る。

9 ふくろの中に8で折ったところをさらに折ってさしこむ。

〈さしこんだところ〉
10 うらがえして7〜9をくりかえす。

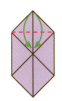
11 上の角を折る。

12 ふくろにさしこむ。

13 空気をふきこむ。

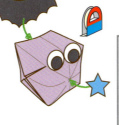
14 星のシール、動く目玉、はねを切ってつける。

✂ **2つ折り** ふうせんこうもりのはね

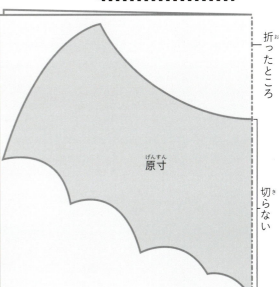
折ったところ / 切らない / 原寸
型紙 かたがみ

\できあがり！/

27

あげて・もらってうれしい お手紙 & カード

ちびねこ

材料 折り紙（好きな色）7.5×7.5センチ 1枚、動く目玉（直径8ミリ）2個

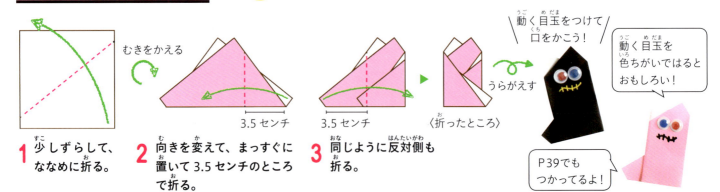

1. 少しずらして、ななめに折る。
2. 向きを変えて、まっすぐに置いて3.5センチのところで折る。
3. 同じように反対側も折る。

動く目玉をつけて口をかこう！

動く目玉を色ちがいではるとおもしろい！

P39でもつかってるよ！

ふうとうお手紙

材料 折り紙（好きな色・柄）15×15センチ 1枚、【フランケンふうとう】毛糸10〜20センチ（いろんな色）10本、動く目玉（直径15ミリ、10ミリ）各1個

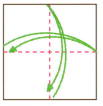
1 十字に折りすじをつける。

2 下半分を1/3の幅で折る。

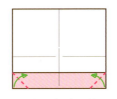
3 下の左右の角を三角に折る。

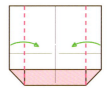
4 3で折った三角の幅に合わせて左右を折る。

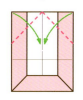
5 上の左右の角をまん中に合わせて折る。

6 上の角を中にさしこみながら折る。

＼できあがり！／

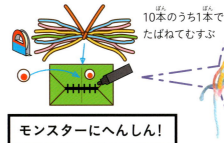
モンスターにへんしん！
毛糸、動く目玉をはる。口をかいてできあがり！

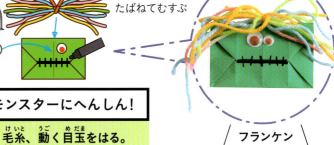
フランケンふうとう！

おばけ教会

材料 折り紙（好きな色・柄）15×15センチ 1枚、【カードにするとき】厚めの紙 10.5×15センチ、色画用紙5×5センチ 2枚、3×3センチ 1枚 動く目玉（直径10ミリ） 2個

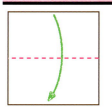
1 下に半分に折る。

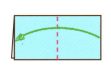
2 左に半分に折る。

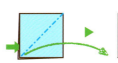
3 ➡から指を入れてひらき、つぶすように折る。

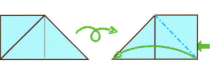
4 うらがえして、同じようにひらいてつぶす。

5 前の1枚を、★の角をそれぞれ☆の角に合わせて折る。

図が大きくなる ➡

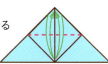
6 折ったところを半分に折りすじをつける。

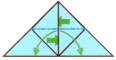
7 ➡からひらいてつぶすように折る。

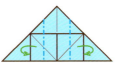
8 内側に折りこむ。

〈折ったところ〉

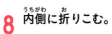
うらがえす

9 うらがえして★の角を☆の角に合わせて折る。

10 折ったところを半分に折って折りすじをつける。

11 ➡からひらいてつぶすように折る。

12 内側に折りこむ。

13 ななめに折ってもどす。

14 ➡からふくろをひらいてつぶす。

15 手前の三角を折る。

カードにはP37の十字架とこうもりの型紙をつかってね！

目玉をはってできあがり！

29

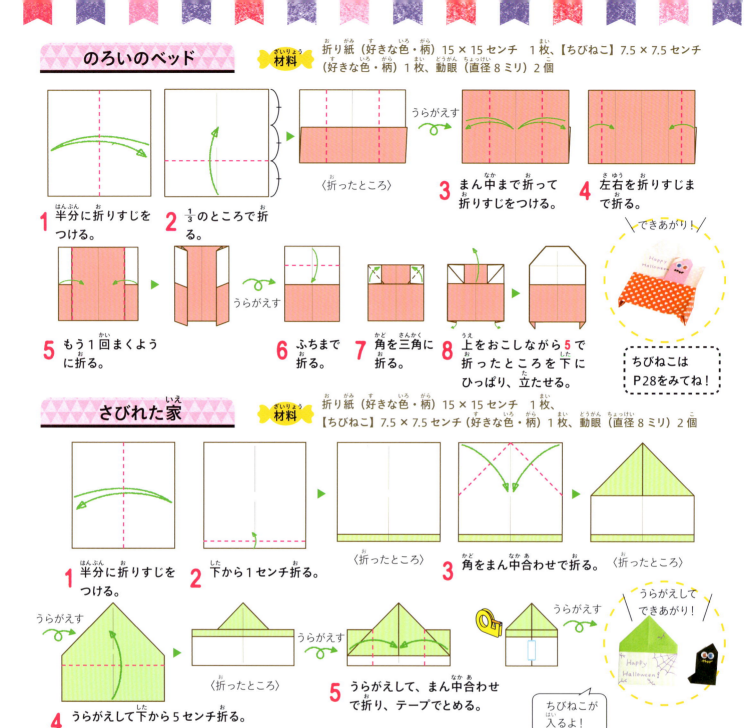

のろいのベッド

材料 折り紙（好きな色・柄）15×15センチ 1枚、【ちびねこ】7.5×7.5センチ（好きな色・柄）1枚、動眼（直径8ミリ）2個

1. 半分に折りすじをつける。
2. 1/3のところで折る。
3. まん中まで折って折りすじをつける。
4. 左右を折りすじまで折る。
5. もう1回まくように折る。
6. ふちまで折る。
7. 角を三角に折る。
8. 上をおこしながら5で折ったところを下にひっぱり、立たせる。

できあがり！ ちびねこはP28をみてね！

さびれた家

材料 折り紙（好きな色・柄）15×15センチ 1枚、【ちびねこ】7.5×7.5センチ（好きな色・柄）1枚、動眼（直径8ミリ）2個

1. 半分に折りすじをつける。
2. 下から1センチ折る。
3. 角をまん中合わせで折る。
4. うらがえして下から5センチ折る。
5. うらがえして、まん中合わせで折り、テープでとめる。

うらがえしてできあがり！ ちびねこが入るよ！

お手紙キャンディ

材料 折り紙（好きな色・柄）7.5×7.5センチ 1枚

1. 上から1/3折る。
2. 下からも折る。
3. 3等分で折りすじをつける。 段折りっていうよ！
4. 折りすじで折り、少し残して山折りして、折りかえす。左右同じように折る。
　→ からひらいて点線で折り、つぶす。

この形をめざして折ってね！ うらがえしてできあがり！ パーティきてね！

目玉ハート

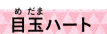

材料 折り紙（好きな色・柄）15×15 センチ 1枚、動く目玉（直径 10 ミリ）5個

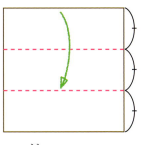
1 上から 1/3 のところを折る。

2 下からも折る。

3 半分で折りすじをつける。

4 まん中に合わせて折る。

〈折ったところ〉

うらがえす

5 左右の角をふちに合わせて折る。

6 5で折ったところまで折る。

7 まん中の角をななめに折る。

〈折ったところ〉 うらがえす

できあがり！

動く目玉をたくさんつけよう！

とびだすホラーエッグ

材料 折り紙（黄）7.5×7.5 センチ 2枚、動く目玉（直径 10 ミリ）2個
15×15 センチでつくってもOK！

モンスターと下のからをつくる

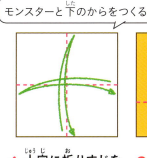
1 十字に折りすじをつける。

2 下から 1/3 で折る。

〈折ったところ〉 うらがえす

3 まん中合わせで折る。

4 ★の角をまん中合わせで折る。

〈折ったところ〉

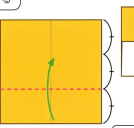
5 4で折った角のところで折る。下の左右の角を少し折る。

6 うらがえして動く目玉をつけ口をかく。

上のからをつくる

このむきからスタート

7 表の面を上におき、半分に折る。

8 ★のふちを☆のふちに合わせて折りすじをつける。

9 ★の角を8でつけた折りすじに合わせて折る。

10 ★の角を☆の角に合わせて折る。

11 前の1枚を中に折りこむ。

12 もう1枚も中に折りこみ、角を少しずつ折る。

〈折ったところ〉

メッセージをかこう！

うらがえしてモンスターと下のからにかぶせてできあがり！
顔はかいてもかわいいよ！

Trick or Treat? ハロウィンバッグ

1つのきほんの折りかたで3パターンできるよ！

がいこつ — バッグにするときはリボンをしっかりつけよう

三角ミニバッグ

フランケンおばけ — ポシェットはリボンをしっかりつけよう

三角ミニバッグ

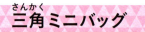

材料 折り紙（好きな色・柄）15×15センチ　2枚
☆入れるのは軽くて小さいものがいいよ！

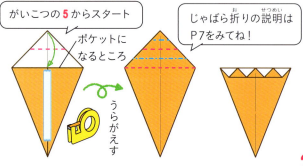

がいこつの**5**からスタート　／　ポケットになるところ　／　じゃばら折りの説明はP7をみてね！　／　うらがえす

1 折り紙でP33「がいこつ」の**5**、**6**の折り方で図のようにする。折ったところをテープでしっかりとめ、うらがえし、点線でじゃばら折りする。

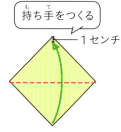

持ち手をつくる　1センチ

2 はしから1センチずらして折る。

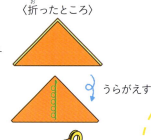

〈折ったところ〉　うらがえす

3 うらがえして細くくるくるまくように折る。まきおわりをテープでとめる。

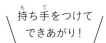

持ち手をつけてできあがり！

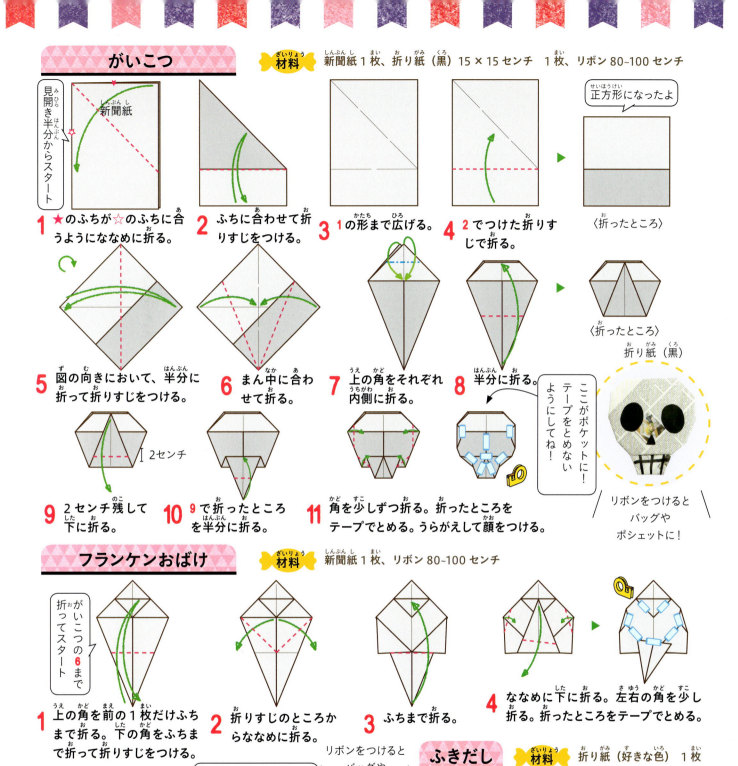
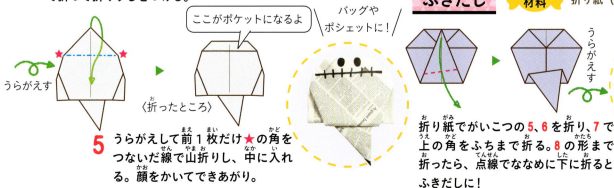

メッセージをはろう！にぎやかメモボード

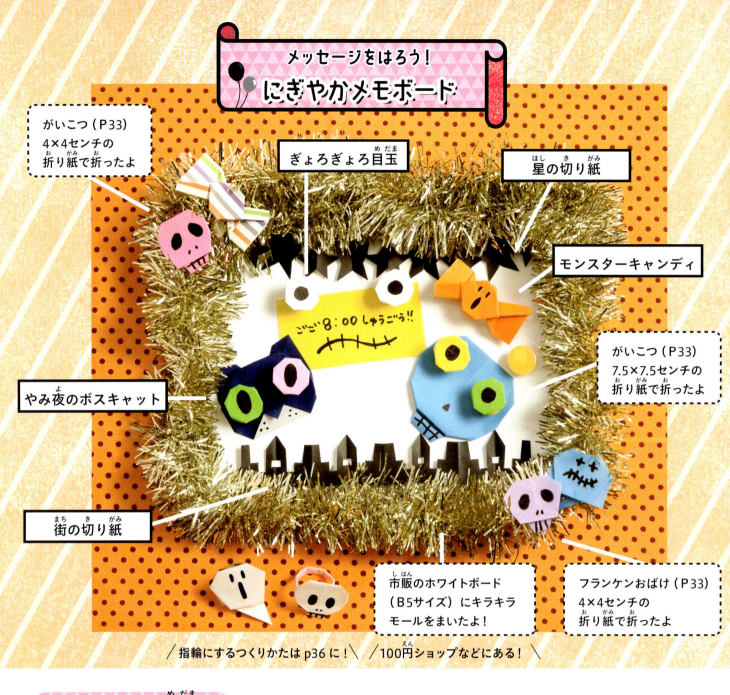

- がいこつ（P33） 4×4センチの折り紙で折ったよ
- ぎょろぎょろ目玉
- 星の切り紙
- モンスターキャンディ
- がいこつ（P33） 7.5×7.5センチの折り紙で折ったよ
- やみ夜のボスキャット
- 街の切り紙
- 市販のホワイトボード（B5サイズ）にキラキラモールをまいたよ！
- フランケンおばけ（P33） 4×4センチの折り紙で折ったよ
- 指輪にするつくりかたは p36 に！
- 100円ショップなどにある！

ぎょろぎょろ目玉

材料 折り紙（好きな色）4×4センチ 2枚、マグネット（直径1.5センチ）2個

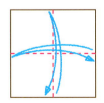
1. 十字に折りすじをつける。

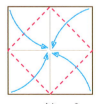
2. まん中に合わせて折る。

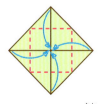
3. さらにまん中に合わせて折る。

4. 角を少し折る。

5. うらがえして目をかき、うらにマグネットをつける。

できあがり！

もう1つつくってがいこつやねこの目玉に！

やみ夜のボスキャット

材料 折り紙（好きな色）7.5 × 7.5 センチ　1枚

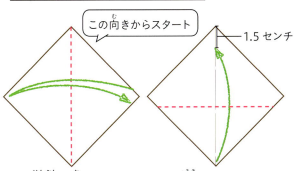

1. 半分に折りすじをつける。
2. 上から1.5センチ残して折る。
3. ★の角を☆の角に合わせて折る。
4. 反対側も同じように折る。
5. 下から5ミリ折る。

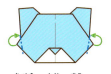

6. 左側を5で折ったところからななめに折る。
7. 6と同じように折る。
8. 点線でうしろに折る。
9. うらがえして、角を少し折る。

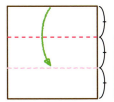

10. 左右の角を少しうしろに折る。

ひげの点々をかいてできあがり！

ぎょろぎょろ目玉はいろいろなところにつけられるよ！

おもしろい顔にしよう！目はペンでかいたりシールをはってもOK！

モンスターキャンディ

材料 折り紙（好きな色）7.5 × 7.5 センチ　1枚

1. 上から1/3を折る。
2. 下からも折る。
3. 半分に折りすじをつける。
4. 左右を★のふちと☆のふちに合わせて折る。
5. ★と☆をむすんだ線で折る。
6. ★と☆をむすんだ線で折る。
7. ●を○に、★を☆にあわせて折る。
8. 前の1枚を★と☆をむすんだ線で折る。
9. 上下の角を少し折る。

できあがり！顔をかこう！

じゃばら折り　街の切り紙
じゃばら折り　星の切り紙

はしがくる　切らない

黒い折り紙を3×15センチに切り、「じゃばら折り」（P7）をしてから切ってね。

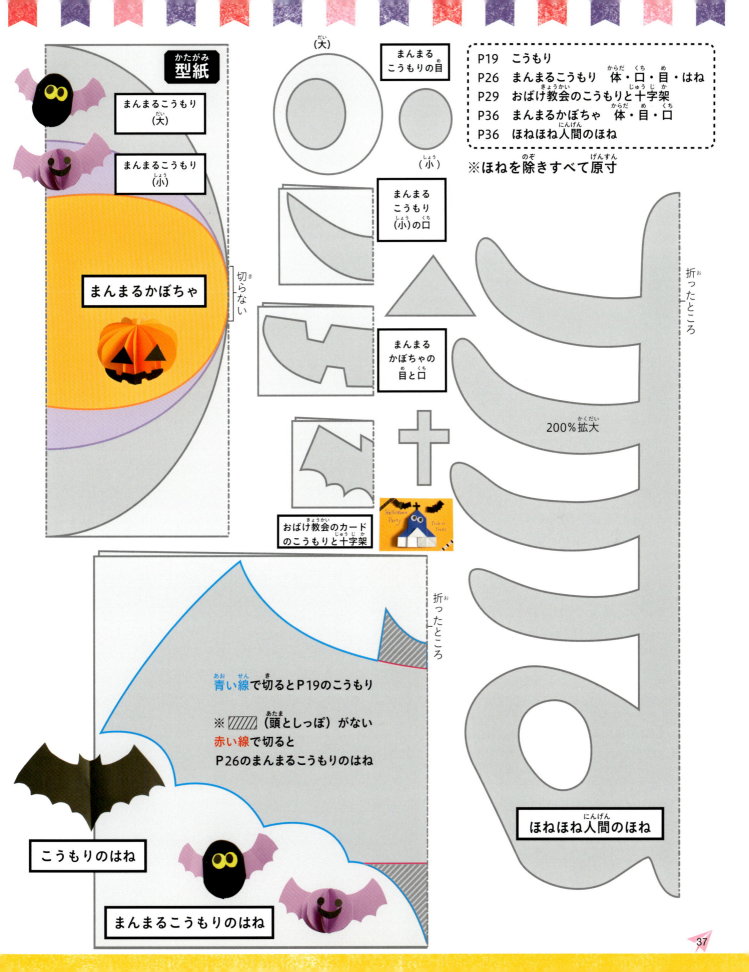

（P 10-11）型紙　　　かんたん！　パーティアイテムの型紙　　　すべて原寸

P7をみて2つ折りにしてから切ってね。

ハートめがね

✂ 2つ折り

ぼうし

✂ 2つ折り

王冠

✂ じゃばら折り

✂ 2つ折り

星ガーランド（P12）と魔女カチューシャの星

くちびる

✂ 2つ折り

がいこつストロー

こうもりストロー

✂ 2つ折り

ひげ

✂ 2つ折り

✂ 2つ折り

ストローをとおすあなになるよ！

＼かんたん！／ ハロウィンにぴったりな PARTY★MENU

ふわふわおばけ
- 麦チョコで顔をつける
- 市販のカップケーキ
- 市販のホイップクリームをトッピング！
- p28のちびねこにピックをつけたよ！！

フィンガーウィンナー
- しあげはまっかなケチャップ！
- つめの形に切ったチーズをつける
- ウインナーに切りこみを入れて焼くよ

まほうのほうき
- のりをまいてね
- プリッツ
- 半分に切ったスライスチーズに切りこみを入れてまいてね

モンスターegg
- ゆでたまご
- ゴマをつけたよ
- 茶色いのはうずらの煮たまご！
- 焼きのりを切った目と口をはるよ

作・構成　いしかわ☆まりこ

千葉県生まれの造形作家。
おもちゃメーカーにて開発・デザインを担当後、映像制作会社で幼児向けビデオの制作や、NHK「つくってあそぼ」の造形スタッフをつとめる。現在はEテレ「ノージーのひらめき工房」の工作の監修（アイデア、制作）を担当中。
工作、おりがみ、立体イラスト、人形など、こどもや親子、女性向けの作品を中心に、こども心を大切にした作品をジャンルを問わず発表している。親子向けや指導者向けのワークショップも開催中。
著書に「カンタン！かわいい！おりがみあそび①～④」（岩崎書店）、「たのしい！てづくりおもちゃ」「おって！きって！かざろうきりがみ」〈2冊とも親子であそべるミニブック〉（ポプラ社）、「みんな大好き！お店やさんごっこ - かんたんアイテム150」（チャイルド本社）、「ラクラク！かわいい！！女の子の自由工作BOOK」（主婦と生活社）などなど。

写真　安田仁志
図版作成　もぐらぽけっと
デザイン　池田香奈子
協力　ひびのさほ

モデル　　（※身長は撮影時。サイズの参考にしてください）
美乃里フラナガン〈シュガーアンドスパイス〉（153センチ）
愛華フラナガン〈シュガーアンドスパイス〉（127センチ）
武智知寿（128センチ）
武信今（115センチ）

おりがみ提供
協和紙工株式会社
〒799-0422
愛媛県四国中央市中之庄町1694-2
TEL　（0896）23-3533
100円ショップなどで購入ができます。

魔女やおばけに変身！
楽しいハロウィン工作
❸ ハロウィン折り紙・切り紙・こもの

2017年10月　初版第一刷発行

作　いしかわ☆まりこ
発行者　小安宏幸
発行所　株式会社汐文社

〒102-0071
東京都千代田区富士見1-6-1
TEL 03-6862-5200　FAX 03-6862-5202
http://www.choubunsha.com

印　刷　新星社西川印刷株式会社
製　本　東京美術紙工協業組合

ＩＳＢＮ 978-4-8113-2399-2